ALTA COCINA
VEGETARIANA

EDIMAT Libros
www.edimat.es

Contenido

Introducción

Hace muy poco tiempo, la comida Gourmet se asociaba exclusivamente a platos de carne. Sin embargo, actualmente podemos alcanzar cotas culinarias muy altas sin usar carne.

Este cambio, muy acogido, se produce a raíz de un mayor conocimiento de las mejores cocinas del mundo, así como de la disponibilidad de una amplia gama de verduras frescas poco habituales, ensaladas, hierbas, especias, frutas, cereales, legumbres del país y extranjeras.

Hoy día es posible, por ejemplo, comprar gran variedad de setas cultivadas y salvajes, frescas y secas, y crear con ellas platos con una excepcional sutileza de sabores.

Con esta riqueza de ingredientes, *Alta cocina vegetariana* le ofrece recetas de inspiradas sopas y entrantes, guarniciones y ensaladas, así como espectaculares platos para fiestas y convites. Es cierto que la comida Gourmet requiere, en ocasiones, más tiempo de lo normal para su preparación (algo que asumimos en el caso de un convite o una ocasión especial), pero tal y como se demuestra en el capítulo "Sencillos platos gourmet", no siempre es necesario pasar horas enteras en la cocina para obtener comidas vegetarianas verdaderamente fuera de lo común. Deje que este recetario le transporte a nuevos niveles de placer del comer y del beber.

Ingredientes

Selección de verduras e ingredientes más inusuales para ensaladas de este recetario.

Apio-nabo

El sabor de este tubérculo ligeramente esférico y nudoso recuerda al del apio, al que está relacionado, pero con un regusto delicioso a frutos secos. Debe pelarse antes de consumirse, de carne color crema y textura crujiente, cuando está crudo, por lo que resulta un aditivo sabroso para las ensaladas. El apio-nabo, sin embargo, resulta óptimo cuando se cocina, asado al gratén, cocido en sopas, al vapor o hervido y hecho puré.

Achicoria

Es un bulbo puntiagudo, de hojas largas y ajustadas. La variedad blanca es la más común (existe una variedad roja), y este color se obtiene a través de una técnica que se conoce como blanqueo. Su sabor, ligeramente agrio, y su textura crujiente y fresca, lo convierten en una excelente opción para las ensaladas, aunque también puede servirse a la brasa o ligeramente cocido al vapor.

Lechuga batavia

También conocida como endibia rizada, este vegetal de ensalada se parece a una lechuga de aspecto desaliñado, con hojas erizadas de color verde oscuro por fuera y más pálidas en el centro. Tiene un sabor bastante amargo y combina óptimamente con ingredientes de ensalada más suaves y dulces.

Alcachofas globo o alcauciles

De aspecto más parecido a la flor grande y verde del cardo, con matices púrpura, la alcachofa globo o alcaucil es de sabor exquisito. Tiene tres partes: las hojas, de las que sólo se come la parte inferior carnosa, generalmente con mantequilla derretida, salsa holandesa o vinagreta; el corazón peludo, que debe descartarse; y el corazón tierno, que es el verdadero placer. Si encuentra las alcachofas moradas *baby*, importadas de Italia, recuerde que a éstas sólo debe retirarle las hojas externas, el resto es completamente comestible, crudo en ensaladas, asado o cocinado en *risotto*.

Aguaturmas o patacas (alcachofas Jerusalén)

A pesar de su nombre, este pequeño tubérculo nudoso no tiene ninguna relación con las alcachofas. Tiene un inconfundible sabor dulce, parecido a la nuez, que funciona particularmente bien para hacer sopas, aunque también resulta bueno asado, salteado, al horno, al gratén o en puré.

Champiñones

Las tiendas especializadas de comestibles y algunos supermercados, ofrecen actualmente una gran variedad de champiñones. Además de las típicas especies cultivadas, también encontrará champiñones morenos, setas silvestres, setas de San Juan (amarillas y con forma de embudo), girolas pálidas de color marrón grisáceo, y *boletus edulis,* por mencionar sólo algunos. Los champiñones orientales *shiitake,* de fuerte sabor, también están disponibles.

*Champiñones
cultivados*

*Boletus
edulis*

Champiñones

Calabazas

Además de su uso tradicional como linterna de Halloween, la calabaza es un vegetal esférico, de color naranja brillante, con piel fuerte y pulpa muy suave. Las calabazas pueden llegar a ser muy grandes, pero es preferible usar las más pequeñas, cuya carne es más dulce y menos fibrosa. Se pueden utilizar para platos dulces y salados, desde pasteles, cacerolas y sopas. Las semillas tostadas son comestibles y muy nutritivas.

Radicchio o achicoria roja

Este miembro de la familia de las achicorias tiene hojas de color rojo oscuro, muy frondosas, y tallos blancos. Aunque puede comerse asado o salteado, es ideal en ensalada. Tiene un sabor más bien amargo y una textura crujiente, por lo que se recomienda su uso moderado en ensaladas.

*Radicchio
de Verona*

Radicchio de Treviso

Técnicas

Picar y pelar tomates

A veces es recomendable pelar los tomates antes de utilizarlos.

1 Utilizando un cuchillo pequeño y afilado, haga un corte justo a través de la piel de la base de cada tomate.

2 Ponga los tomates en una fuente y vierta agua hirviendo. Deje 20-30 s hasta que la piel se agriete. Escurra y pase a una fuente de agua fría. Pele la piel y corte la pulpa en pedazos uniformes.

> CONSEJO: Emplee tomates muy maduros, ya que tienen más sabor y se pelan mejor.

Cortes en juliana

Es muy fácil cortar las verduras en juliana, y estas decorativas formas resultan muy especiales.

1 Pele las verduras y córtelas transversalmente en pedazos de unos 5 cm/2 in. Suavice los bordes curvos.

2 Disponga cada pedazo sobre su lado plano y córtelo longitudinalmente en rodajas de unos 3 mm/⅛ in, o menos de espesor, guiando el cuchillo con sus nudillos.

3 Amontone las rodajas y córtelas longitudinalmente en tiras de 3 mm/⅛ in de espesor, o menos.

Asar y pelar pimientos

Dado que los pimientos vienen en formas irregulares, asarlos facilita la tarea de pelarlos. Además, realza lo dulce de su sabor.

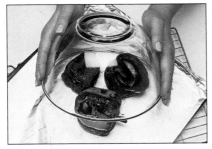

1 Coloque los pimientos en la parrilla y cocínelos cerca del fuego. Voltéelos para que se vayan chamuscando y se les levante la piel. Ensarte alternativamente cada pimiento con un tenedor de mango largo y póngalo sobre la llama, volteándolo lentamente para que toda la piel se chamusque y ampolle. Ponga los pimientos en una bolsa de plástico y átela, o póngalos bajo una escudilla.

2 Enfríelos; el vapor atrapado dentro de la bolsa o escudilla ayudará a aflojar la piel. Cuando los pimientos estén lo suficientemente fríos, pélelos con la ayuda de un cuchillo pequeño.

Blanquear y refrescar

Las verduras se blanquean para aflojar su piel antes de mondarlas, fijar sus colores y sabores, así como para reducir su gusto amargo. Generalmente, se blanquean si deben cocinarse con posterioridad o si van a utilizarse en ensaladas. Después del blanqueo, la mayoría de las verduras se "refrescan" para que no se cocinen más.

1 Para blanquear: sumerja las verduras en una olla grande de agua hirviendo. Lleve el agua a un nuevo hervor y deje hervir por el tiempo especificado, generalmente 1-2 min. Saque inmediatamente la comida fuera del agua, o cuélela.

2 Para refrescar: sumerja las verduras rápidamente en agua heleada, o póngalas bajo agua corriente, fría. Si la receta así lo especifica, déjelas hasta que se enfríen por completo. Escurra bien.

Gazpacho con salsa de aguacates

Una clásica sopa fría con un toque especial: salsa de aguacate con tropezones y crujientes cuscurros.

4 personas

INGREDIENTES
1 pepino
2 rebanadas de pan de 1 día, remojadas
    en agua fría durante 5 min
1 kg/2 ¼ lb de tomates, pelados,
    sin semillas y picados
1 pimiento rojo, sin semillas y picado
1 chile verde, sin semillas y picado
2 dientes de ajo, picados
2 cucharadas de aceite de oliva
    extra virgen
jugo de 1 lima y 1 limón
unas gotas de salsa Tabasco
2 ½ tazas de agua fría
sal y pimienta negra recién molida
un manojo de hojas de albahaca,
    para adornar
8 cubitos de hielo, para servir

PARA LOS CUSCURROS
2 rebanadas de pan de 1 día,
    sin las cortezas
1 diente de ajo, por la mitad
1 cucharada de aceite de oliva

PARA LA SALSA DE AGUACATE
1 aguacate maduro
1 cucharadita de jugo de limón
un pedazo de pepino,
    en dados, de 2,5 cm/1 in
½ chile rojo, picado fino

1 Pele fino el pepino, córtelo longitudinalmente en dos y saque las semillas con una cucharita. Tírelas y corte la pulpa.

2 Ponga el pan, los tomates, el pepino, el pimiento rojo, el chile, el ajo, el aceite de oliva, los jugos cítricos y el Tabasco en un minipimer o una batidora. Mezcle hasta que se unan bien, pero con tropezones. Sazone al gusto, y enfríe 2-3 h.

3 Para hacer los cuscurros, frote las rebanadas con el diente de ajo. Corte el pan en dados y póngalos en una bolsa de plástico con el aceite de oliva. Selle la bolsa y agítela hasta que los dados de pan estén cubiertos de aceite. Caliente una sartén grande, antiadherente, y fría los cuscurros a fuego moderado hasta que estén crujientes y dorados.

4 Justo antes de servir, prepare la salsa de aguacate. Córtelo por la mitad, retire la semilla, pele y pique en dados. Sumérjalo en el jugo de limón para evitar que se oscurezca, y mezcle con el pepino y el chile.

5 Sirva la sopa en escudillas individuales y ponga cubitos de hielo en cada una. Cubra la sopa con una generosa cucharada de la salsa de aguacate, adornada con hojas de albahaca. Los cuscurros deben servirse por separado.

Sopa de patatas o aguaturmas

Una exquisita y cremosa sopa que pone de manifiesto el inconfundible sabor a nuez de este tubérculo, servida con tostadas de Gruyère.

4-6 personas

INGREDIENTES
2 cucharadas de mantequilla
2 cucharadas de aceite de oliva
1 cebolla grande, picada
1 diente de ajo, picado
1 tallo de apio, picado
675 g/1 ½ lb de patacas o aguaturmas
    (alcachofas Jerusalén)
5 tazas de caldo vegetal
1 ¼ tazas de leche semidesnatada
8 rebanadas de pan francés
1 taza de queso Gruyère, rallado
sal y pimienta negra recién molida

1 Caliente la mantequilla y el aceite en un olla grande, y cocine la cebolla, el ajo y el apio a fuego moderado durante unos 5 min o hasta que se ablanden, removiendo ocasionalmente.

2 Añada las alcachofas preparadas y cocine durante otros 5 min.

3 Agregue el caldo y los condimentos, lleve a un hervor y cocine a fuego lento durante 20-25 min, removiendo ocasionalmente, hasta que las alcachofas estén tiernas.

4 Licue la sopa en un minipimer o una batidora hasta que esté lisa. Devuelva la sopa a la olla, agregue la leche y caliente suavemente durante 2 min.

5 Tueste ligeramente un lado del pan, y espolvoree el lado sin tostar con el Gruyère. Tueste hasta que el queso se derrita y se dore. Vierta la sopa en escudillas y cubra con las tostadas Gruyère.

Sopa de apio-nabo y espinacas

Esta inspirada asociación de verduras, cubiertas con piñones asados, despliega profundos sabores y colores.

6 personas

INGREDIENTES
4 tazas de agua
1 taza de vino blanco seco
1 puerro, en rodajas gruesas
500 g/1 ¼ lb de apio-nabo, pelados y en dados
200 g/7 oz de hojas frescas de espinaca
leche semidesnatada (opcional)
¼ de taza de piñones
sal marina, pimienta negra recién molida
    y nuez moscada rallada

1 Mezcle el agua y el vino en una jarra. Ponga el puerro, el apio-nabo y las espinacas en una olla profunda, y vierta el líquido. Lleve a un hervor, baje el fuego y deje cocer durante 10-15 min, hasta que las verduras estén blandas.

2 Haga puré la mezcla de apio-nabo en un minipimer o una batidora. Devuelva a una olla limpia y condimente al gusto con sal, pimienta y nuez moscada. Si la sopa es demasiado espesa, aclárela con un poco de agua o leche. Recaliente suavemente.

3 Ase los piñones hasta que estén dorados en una sartén seca, antiadherente. Rocíe con ellos la sopa, y sirva.

El placer de las alcachofas

La alcachofa globo es un rico vegetal terrestre que constituye un maravilloso entrante, en esta caso, relleno a rebosar de varios tipos de champiñones.

4 personas

INGREDIENTES
1 alcachofa globo (alcauciles)
rodaja de limón
2 chalotes o 1 cebolla pequeña,
    picados
2 cucharadas de mantequilla
3 tazas de champiñones varios, salvajes
    y cultivados, como *boletus edulis,
    boleto bayo*, setas de San Juan,
    níscalos, girbolas, setas de San Jorge
    o de los Césares, entre otros, podados
    y picados
1 cucharada de tomillo fresco,
    picado

PARA LA SALSA HOLANDESA
¾ de taza de mantequilla
    sin sal
2 yemas de huevo
jugo de 1 limón
sal y pimienta negra
    recién molida

1 Ponga a hervir una olla grande con agua. Con un cuchillo de sierra, corte un tercio de la parte superior de cada alcachofa. Quite y tire las hojas más exteriores. Rompa los tallos por su base, y recorte unos 5 mm/¼ de ésta. Para evitar que las alcachofas se oscurezcan, ate una rodaja de limón en su base. Ponga en el agua hirviendo y cueza durante 25 min.

2 Mientras, fría los chalotes o la cebolla en la mantequilla para que se ablanden, pero sin oscurecer. Añada los champiñones y el tomillo, cubra y cocine hasta que los jugos empiecen a fluir. Aumente el fuego y deje que los jugos se evaporen. Retire del fuego y mantenga caliente.

3 Cuando las alcachofas estén cocidas, compruébelo insertando un cuchillo en la base, escurra y enfríe en agua corriente. Retire las rodajas de limón y póngalas boca abajo para escurrirlas. Para crear una cavidad central, saque las hojas pequeñas del centro de cada alcachofa y raspe para quitar el núcleo fibroso.

4 Para la salsa holandesa, derrita la mantequilla y retire la espuma que se ve en la superficie. Vierta en una jarra, dejando de lado los residuos lácteos. Ponga las yemas de huevo en una escudilla de vidrio colocada en una olla con 2,5 cm/1 in de agua caliente a fuego lento. Añada ½ cucharadita de agua a las yemas de huevo y bátalas hasta que estén espesas y espumosas.

5 Retire la olla del fuego, añada la mantequilla poco a poco, batiendo constantemente. Agregue el jugo de limón y un poco de agua hirviendo para adelgazar la salsa. Condimente al gusto.

6 Combine un tercio de la salsa con la mezcla de champiñones y llene cada alcachofa. Sirva a temperatura ambiente, con la salsa adicional en una escudilla aparte.

Pasteles de *tempeh tailandés* con salsa dulce

Hecho con brotes de soja, el *tempeh* es similar al *tofu*, pero tiene un gusto más parecido a la nuez. En esta receta, lo combinamos con una fragante mezcla de hojas de limón, cilantro y jengibre, y lo disponemos en pequeños pastelillos.

8 pastelillos

INGREDIENTES

1 tallo de hierba de limón, sin las hojas
   exteriores y con la parte interior picada fina
2 dientes de ajo, picados
2 cebolletas, picadas finas
2 chalotes, picados finos
2 chiles, sin semillas y picados finos
un pedazo de raíz de jengibre de 2,5 cm/1 in,
   pelado y picado fino
4 cucharadas de cilantro fresco picado,
   y un poco más para el adorno
2 ¼ tazas de *tempeh,* descongelado
   (si viene congelado), en rodajas
1 cucharada de jugo de limón
1 cucharadita de azúcar extrafino
3 cucharadas de harina de trigo de uso general
1 huevo grande, ligeramente batido
sal y pimienta negra recién molida
aceite vegetal, para freír

PARA LA SALSA

3 cucharadas de *mirin*
   (licor de arroz para cocina)
3 cucharadas de vinagre de vino blanco
2 cebolletas, en rodajas finas
1 cucharada de azúcar
2 chiles, finamente picados
2 cucharadas de cilantro fresco picado
una pizca de sal

1 Para hacer la salsa, mezcle en una pequeña escudilla el *mirin,* el vinagre, las cebolletas en rodajas, el azúcar, los chiles, el cilantro fresco y la sal. Deje aparte.

2 Ponga la hierba de limón, el ajo, las cebolletas, los chalotes, los chiles, el jengibre y el cilantro en un minipimer o una batidora. Licue hasta obtener una pasta áspera. Añada el *tempeh,* el jugo de lima y el azúcar, y mezcle hasta que esté bien unida. Añada la harina, el huevo y los condimentos. Licue de nuevo hasta que se forme una masa pegajosa.

3 Divida esta mezcla en 8 partes iguales y forme bolas con ellas. Esta pasta es muy pegajosa, de modo que recomendamos cubrir frecuentemente sus manos con harina. Aplaste las bolas para formar pastelillos de unos 2 cm/¾ in de grosor.

4 Caliente suficiente aceite para cubrir el fondo de una sartén grande. Fría los pastelillos de *tempeh* durante 5-6 min, volteándolos una vez, hasta que se doren. Escúrralos con papel absorbente y sírvalos tibios con la salsa, adornados con el cilantro fresco.

Timbales de brécol

Este plato, elegante pero fácil de preparar, es un fantástico entrante.

4 personas

INGREDIENTES
mantequilla, para engrasar
350 g/12 oz de arbolitos de brécol,
    cocidos
3 cucharadas de nata ácida o para montar
1 huevo, más 1 yema de huevo
1 cucharada de cebolleta picada
una pizca de nuez moscada rallada
sal y pimienta negra recién molida
cebollinos frescos, para el adorno
salsa holandesa, para servir
    (opcional)

1 Precaliente el horno a 190 °C/375 °F.
Cubra ligeramente 4 *ramekins* (cazuelas de
barro o refractarias de poca profundidad).
Cubra los fondos con papel a prueba
de grasa, ligeramente engrasado con
mantequilla.

2 Licue el brécol cocido en una batidora
con la nata, el huevo y la yema de huevo
adicional, hasta que la mezcla sea tersa.
Agregue la cebolleta y sazone con sal,
pimienta y nuez moscada. Vuelva a licuar.

3 Ponga el puré en los *ramekins*, al baño
María y hornee durante 25 min hasta
que cuaje. Vuelque la mezcla en platos
tibios, retire el papel. Adorne con los
cebollinos, y sirva con la salsa holandesa,
si lo desea.

Soufflé de queso y eneldo

Ligero como el aire, este *soufflé* nunca dejará de impresionar a sus invitados.

6 personas

INGREDIENTES

4 cucharadas de mantequilla
⅓ de taza de harina de trigo de uso general
1 ¼ tazas de leche
1 taza de queso Cheddar curado,
   rallado
3 huevos, separados
2 cucharadas de eneldo fresco, picado
2 cucharadas de queso parmesano, rallado
sal y pimienta negra recién molida

1 Precaliente el horno a 200 °C/400 °F.
En una olla grande, derrita suavemente
la mantequilla y añada la harina.
Cueza durante 2 min, removiendo
continuamente. Incorpore la leche poco
a poco, removiendo. Cueza a fuego
lento hasta que se espese. Deje enfriar.

2 Agregue el queso, las yemas de huevo, el
eneldo y los condimentos en la salsa. Bata
las claras de huevo, con una pizca de sal,
hasta que estén espumosas. Añada ¼ en la
salsa de queso, mezcle con el resto.

3 Engrase con mantequilla seis *ramekins*
pequeños y espolvoree el Parmesano.
Divida la mezcla en 6 partes y ponga en
los *ramekins*. Hornee 15-20 min hasta
que los *soufflés* se levanten y se doren. Sirva.

Terrina de berenjena y espinaca

Atractivo y delicado, este plato requiere tiempo y paciencia, pero resulta perfecto para fiestas y reuniones, ya que puede prepararse con bastante antelación.

4 personas

INGREDIENTES
1 berenjena
2 cucharadas de aceite de oliva extra virgen
2 calabacines, en rodajas finas
hojas de una ramita de tomillo fresco
4 tomates firmes, pelados y sin semillas
4 hojas de albahaca, en rodajas finas
275 g/10 oz de hojas de espinaca *baby*
1 diente de ajo, majado
1 cucharada de mantequilla
una pizca de nuez moscada, rallada
sal y pimienta negra recién molida
½ pimiento rojo asado, sin piel y picado,
   y un poquito de vinagre balsámico,
   para servir

4 Ponga los tomates, la albahaca y el resto del aceite en la sartén y cocine por 5-8 min. Cocine la espinaca, el ajo y la mantequilla en una cacerola, hasta que el líquido se evapore. Retire de la cacerola, añada la nuez moscada y salpimente.

1 Precaliente el horno a 190 °C/375 °F. Selle con film transparente 4 moldes circulares de metal para magdalenas, de 6 cm/2 ½ in de diámetro.

2 Corte la berenjena en cuatro rodajas uniformes. Caliente la mitad del aceite en una sartén y fría las rodajas por ambos lados, hasta que estén de color marrón. Ponga en una plancha de hornear y hornee durante 10 min. Pase a un plato cubierto con papel absorbente.

3 Caliente el resto del aceite en la misma sartén y fría los calabacines durante 2 min, escurra con papel absorbente. Salpimente y rocíe con hojas de tomillo.

5 Cubra la base y alrededor de 1 cm/ ½ in de los lados de los moldes con las hojas de espinaca, y asegúrese de que las hojas se tocan entre ellas, sin dejar brechas. Ponga los calabacines en los bordes de cada molde, tocándose ligeramente.

6 Divida la mezcla de tomate en partes iguales para cada molde, presionando bien hacia abajo. Ponga las berenjenas encima, recortando los bordes para que quepan.

7 Selle por encima con film transparente y agujeree la base para permitir que el líquido pueda salir. Enfríe durante una noche. Retire de los moldes con cuidado y sirva con el pimiento asado en dados, rociado con vinagre balsámico.

Tarta de requesón y hierbas del verano

Fácil de hacer y con hierbas aromáticas, es un delicioso plato para el mediodía.

4 personas

INGREDIENTES
aceite de oliva, para engrasar y glasear
3 ½ tazas de requesón
1 taza de queso Parmesano,
  rallado fino
3 huevos, separados
4 cucharadas de hojas de albahaca
  desmenuzadas, y unas hojas
  adicionales para adornar
3 cucharadas de hojas de orégano fresco,
  y unas hojas adicionales para adornar
½ cucharadita de sal
½ cucharadita de pimentón dulce
pimienta negra recién molida

PARA LA *TAPENADE*
3 ½ tazas de aceitunas negras, deshuesadas,
  enjuagadas y cortadas por la mitad.
  Reserve unas pocas para el adorno
  (opcional)
5 dientes de ajo, majados
5 cucharadas de aceite de oliva

CONSEJOS: Este flan resulta perfecto para un picnic. Llévelo en el molde y sáquelo en el lugar de destino.

1 Precaliente el horno a 180 °C/375 °F, y engrase con poco aceite un molde redondo para tartas de 23 cm/9 in. Mezcle el requesón, el Parmesano y las yemas de huevo en un minipímer. Agregue las hierbas y los condimentos, y mezcle hasta que esté terso.

2 Bata las claras de huevo en una escudilla grande, sin grasa, hasta que estén a punto de nieve. Incorpore poco a poco la mezcla de requesón. Con ayuda de una cuchara, vierta en el molde. Rase la cubierta.

3 Hornee durante 1 h 20 min, o hasta que el flan se levante y se dore por encima. Retire del horno y barnice ligeramente con el aceite de oliva, rocíe con el pimentón dulce. Deje enfriar antes de sacar del molde.

4 Para hacer la *tapenade,* licue las aceitunas y el ajo en un minipimer hasta que estén finamente picados. Agregue poco a poco el aceite de oliva y mezcle hasta que se forme una pasta gruesa. Pase a una fuente de servir. Adorne el flan con chirivías picadas, albahaca, las hojas de orégano y las aceitunas. Sirva con la *tapenade.*

Strozzapreti con flores de calabacín

El *strozzapreti* es una variedad de pasta corta proveniente de Módena.

4 personas

INGREDIENTES

4 cucharadas de mantequilla
2 cucharadas de aceite de oliva
    extra virgen
1 cebolla pequeña, en rodajas finas
200 g/7 oz de calabacines pequeños,
    cortados en juliana, en tiras pequeñas
1 diente de ajo, majado
2 cucharaditas de mejorana fresca,
    picada fina
3 tazas de *strozzapreti,* secos
1 manojo grande de flores de calabacín,
    si están disponibles, lavados y secados
sal y pimienta negra recién molida
virutas de queso Parmesano, para servir
    hasta que estén doradas

1 Caliente la mantequilla y la mitad del aceite en una sartén, y fría la cebolla 5 min. Añada los calabacines, el ajo, la mejorana y los condimentos. Cocine 5-8 min hasta que los calabacines se ablanden.

2 Cocine la pasta en una olla de agua salada hirviendo, hasta que esté *al dente.* Escurra bien.

3 Aparte unas pocas flores de calabacín. Desmenuce el resto e incorpore a la mezcla de calabacín.

4 Vierta la pasta en una fuente tibia y añada el aceite restante. Mezcle y agregue la mezcla de calabacín. Cubra con el Parmesano y las flores apartadas.

Fideos con salsa de espárragos y azafrán

Un elegante plato de verano con una fragante crema de azafrán.

4 personas

INGREDIENTES

2 chalotes, picados finos
2 cucharadas de mantequilla
2 cucharadas de vino blanco
1 taza de nata para montar
una pizca de hilos de azafrán, remojados
   en 2 cucharadas de agua hirviendo
la corteza rallada y el jugo de 1 limón
450 g/1 lb de espárragos jóvenes
115 g/4 oz de guisantes
350 g/12 oz de fideos *somen* (fideos redondos
   de harina de trigo)
½ puñado de perifollo, picado en trozos
   grandes
sal y pimienta negra recién molida
queso Parmesano rallado (opcional)

1 Cueza los chalotes en la mantequilla 3 min, hasta ablandar. Agregue el vino, la nata y la infusión de azafrán. Cocine a fuego lento hasta que la salsa obtenga consistencia de revestimiento. Añada la corteza del limón y su jugo, sazone al gusto.

2 Corte las puntas de los espárragos y corte el resto del tallo en pequeñas rodajas. Blanquee las puntas y añádalas a la salsa. Hierva los guisantes y las rodajas de espárragos hasta que estén tiernos. Añádalos a la salsa.

3 Cocine los fideos en esta misma agua, hasta que estén blandos. Escurra y mezcle con la salsa, añadiendo el perifollo. Rocíe el queso Parmesano, si lo desea, y sirva.

Risotto a las finas hierbas

El arroz *arborio,* salvaje y procedente de Italia se combina con hierbas aromáticas para crear este reconfortante y cremoso plato.

4 personas

INGREDIENTES
½ taza de arroz salvaje
1 cebolla pequeña,
    finamente picada
1 cucharada de mantequilla
1 cucharada de aceite de oliva
2 ½ tazas de arroz *arborio*
1 ¼ tazas de vino blanco seco
5 tazas de caldo vegetal
3 cucharadas de orégano fresco,
    picado
3 cucharadas de cebollino fresco,
    picado
4 cucharadas de perejil fresco
    de hoja plana, picado
4 cucharadas de albahaca fresca, picada
1 taza de queso Parmesano, rallado
sal y pimienta negra
    recién molida

1 Cocine el arroz salvaje en agua salada hirviendo, según las instrucciones del envase.

2 En una olla grande, cocine la cebolla, la mantequilla y el aceite 3 min. Añada el arroz *arborio* y cocine 2 min, removiendo.

3 Vierta el vino, lleve a un hervor y deje cocer a fuego lento durante 10 min hasta que el vino sea absorbido. Agregue el caldo, poco a poco, y deje cocer a fuego lento, removiendo, durante 20-25 min, hasta que el líquido sea absorbido y el arroz tenga una textura ligeramente cremosa. Sazone bien.

4 Añada las hierbas y el arroz salvaje. Caliente 2 min, removiendo. Agregue dos tercios del Parmesano hasta que se derrita. Sirva, rociando el Parmesano restante.

CONSEJOS: El arroz *risotto* es esencial para lograr la textura cremosa de este plato. Otros tipos de arroz no funcionan. Las hierbas frescas también son obligatorias. Sin embargo, puede utilizar estragón, perifollo, mejorana o tomillo.

Tahína de berenjena y garbanzos

Las especias aromáticas dan un toque exótico a este guiso al estilo marroquí.

4 personas

INGREDIENTES

1 berenjena pequeña, cortada
   en dados de 1 cm/½ in
2 calabacines, en rodajas gruesas
4 cucharadas de aceite de oliva
1 cebolla grande, en rodajas
2 dientes de ajo, picados
2 tazas de champiñones morenos,
   por la mitad
1 cucharada de cilantro, molido
2 cucharaditas de semillas de comino
1 cucharada de canela, molida
2 cucharaditas de cúrcuma molida
225 g/8 oz de patatas tempranas, en cuartos
2 ½ tazas de pasta de tomate
1 cucharada de puré de tomate
1 cucharada de salsa de chile
⅓ de taza de orejones
3 tazas de garbanzos en lata,
   escurridos y lavados
sal y pimienta negra recién molida
1 cucharada de cilantro fresco picado,
   para adornar
cuscús hervido, para servir

1 Ponga las berenjenas y los calabacines en 2 cucharadas de aceite. Cocine a la plancha durante 20 min, volteando ocasionalmente, hasta que estén tiernos y dorados.

2 Fría la cebolla y el ajo en el aceite restante durante 5 min, removiendo ocasionalmente.

3 Añada los champiñones cortados por la mitad y saltee 3 min, hasta que estén tiernos. Agregue las especias y cocine 1 min más, removiendo ocasionalmente.

4 Incorpore las patatas y cueza por otros 3 min, removiendo. Vierta la pasta de tomate, el puré de tomate y ⅔ de taza de agua. Cubra y cueza durante 10 min o hasta que la salsa empiece a espesar.

5 Agregue las berenjenas, los calabacines, la salsa de chile, los orejones y los garbanzos. Sazone y cueza, parcialmente cubierto, durante 10-15 min, hasta que las patatas estén tiernas. Rocíe con cilantro fresco y sirva con cuscús.

Pizza de *radicchio*

Este inusual relleno de la pizza está constituido por *radicchio* picado con
puerros, tomates, Parmesano y Mozzarella. La base es una masa para bollos,
por lo que este plato es rápido y fácil de preparar. Sirva con ensalada
verde y crujiente.

2 personas

INGREDIENTES
200 g/7 oz de tomates picados,
   en lata
2 dientes de ajo, majados
una pizca de albahaca seca
1 ½ cucharada de aceite de oliva,
   y un poco extra para sumergir
   hojas de albahaca
2 puerros, en rodajas
115 g/4 oz de *radicchio,* picado
   en grandes trozos
⅓ de taza de queso Parmesano, rallado
115 g/4 oz de queso Mozzarella, en rodajas
10-12 aceitunas negras, deshuesadas
sal y pimienta negra recién molida
hojas de albahaca fresca,
   para adornar

PARA LA MASA
2 tazas de harina cernida
½ cucharadita de sal
4 cucharadas de mantequilla o margarina
½ taza de leche

1 Precaliente el horno a 220 °C/425 °F,
y engrase una lámina de hornear. Para
hacer la masa, mezcle la harina y la sal en
una escudilla, junto a la mantequilla o
margarina. Incorpore poco a poco la
leche para formar una masa suave.

2 Extienda la masa sobre una superficie,
ligeramente cubierta con harina, hasta
formar un círculo de 25-28 cm/10-11 in
de diámetro. Póngala sobre la lámina
de hornear.

3 Vierta los tomates en una olla pequeña.
Agregue uno de los dientes de ajo, junto
con la albahaca seca y los condimentos.
Deje cocer a fuego moderado hasta que la
mezcla se espese y se reduzca a la mitad.

4 Caliente el aceite en una sartén
grande y fría los puerros y el ajo que
queda durante 4-5 min, hasta que estén
ligeramente blandos. Agregue el *radicchio*
y cocine, removiendo continuamente,
unos pocos minutos. Cubra y deje cocer
suavemente 5-10 min. Agregue el
Parmesano y salpimente.

5 Cubra la base de masa con la salsa de tomate, y vierta encima la mezcla de *radicchio* y puerro. Extienda las rodajas de Mozzarella por encima y esparza las aceitunas negras. Sumerja algunas hojas de albahaca en el aceite de oliva, extienda sobre la pizza y hornee 15-20 min hasta que la base y la parte superior de la masa estén doradas.

"Bolsas de dinero" de hojaldre con relleno cremoso de puerros

Estas pastas, elegantes y misteriosas, esconden un delicioso relleno.

4 personas

INGREDIENTES
½ taza de mantequilla
2 tazas de puerros, sin las hojas verdes
  y picados finos
1 taza de queso cremoso
1 cucharada de eneldo fresco, picado fino
1 cucharada de perejil fresco, picado fino
2 cebolletas, picadas finas
una pizca de pimienta de canela
1 diente de ajo, picado fino
½ cucharadita de sal
¼ cucharadita de pimienta negra recién molida
1 yema de huevo
9 hojas de pasta de hojaldre, descongeladas
  (si vienen congeladas)
puerros ligeramente cocidos, para servir

2 Ponga el queso en una escudilla y añada el eneldo, el perejil, las cebolletas, la pimienta de cayena, el ajo, los puerros, los condimentos, la yema de huevo y remueva.

3 Derrita la mantequilla restante. Ponga una hoja de hojaldre en una tabla, barnice con la mantequilla derretida y cubra. Barnice de nuevo y cubra con una tercera hoja de pasta de hojaldre.

1 Precaliente el horno a 200 °C/400 °F. Derrita 2 cucharadas de mantequilla en una sartén, y fría los puerros durante 4-5 min hasta que estén blandos. Escurra el líquido.

4 Corte esta pasta en 4 cuadrados y coloque 1 cucharada de la mezcla de queso en el centro de cada uno. Junte los extremos hasta formar una especie de "bolsa", torciéndolos para sellarla.

5 Repita con las otras 6 hojas de hojaldre, para un total de 12 bolsas. Barnice cada una con un poco más de mantequilla.

CONSEJOS: Para un efecto atractivo, ate cada bolsa con una tira del puerro blanqueado antes de servir.

6 Ponga las bolsas sobre una lámina de hornear engrasada y hornee durante 20-25 min hasta que estén doradas. Sirva sobre una cama de puerros ligeramente cocidos.

Crêpes de hierbas al horno

Estas ligeras *crêpes* constituyen un plato principal que deleitará su paladar.

4 personas

INGREDIENTES
½ taza de hierbas frescas picadas
   (p.ej., perejil, tomillo y perifollo)
1 cucharada de aceite de girasol,
   y un poco más para freír
½ taza de leche desnatada
3 huevos
⅓ de taza de harina de trigo de uso general
una pizca de sal

PARA LA SALSA
2 cucharadas de aceite de oliva
1 cebolla pequeña, picada
2 dientes de ajo, majados
1 cucharada de raíz de jengibre rallada
400 g/14 oz de tomates en lata picados

PARA EL RELLENO
450 g/1 lb de espinacas frescas
¾ de taza de requesón
⅓ de taza de piñones, tostados
5 mitades de tomates secados al sol en aceite
   de oliva, escurridos y picados
2 cucharadas de albahaca fresca desmenuzada
sal, nuez moscada rallada y pimienta negra
   recién molida
4 claras de huevo

1 Ponga las hierbas y el aceite en una batidora y licue hasta que quede suave. Añada la leche, los huevos, la harina y la sal y licue de nuevo hasta que esté suave y de color verde pálido. Deje reposar 30 min.

2 Caliente una sartén pequeña, antiadherente, y agregue un poco de aceite. Quite cualquier exceso de aceite y coloque un poco de la masa. Mueva la sartén hasta que la masa cubra el fondo. Cocine 1-2 min, voltee y cocine el otro lado. Repita hasta hacer 8 *crêpes*.

3 Para hacer la salsa, caliente el aceite en una sartén pequeña. Añada la cebolla, el ajo y el jengibre y cocine a fuego lento durante 5 min, hasta que se ablanden. Agregue los tomates y cocine otros 10-15 min, hasta que la mezcla espese. Haga puré, tamice y deje aparte.

4 Para hacer el relleno, lave las espinacas, descartando los tallos duros. Ponga en una sartén grande, con el agua que ha quedado en las hojas. Cubra y cocine, removiendo una sola vez, hasta que la espinaca empiece a marchitarse. Retire del fuego y refresque en agua fría.

5 Cuele las espinacas, exprima el exceso de agua y pique finamente. Mezcle con el requesón, los piñones, los tomates secados al sol y la albahaca. Sazone con la sal, la nuez moscada y la pimienta negra recién molida.

6 Precaliente el horno a 190 °C/375 °F. Bata las claras de huevo hasta que estén tiesas, pero no secas. Coloque un tercio de éstas en la mezcla de espinaca y requesón, para adelgazarla. Incorpore el resto a continuación, con suavidad.

7 Ponga una *crêpe* a la vez sobre una lámina de hornear ligeramente cubierta con aceite. Coloque una generosa cucharada de relleno sobre cada *crêpe* y doble en cuartos. Repita hasta que se utilicen las *crêpes* y el relleno. Ponga al horno durante 10-15 min o hasta que cuajen. Recaliente la salsa de tomate y sirva con las *crêpes*.

Roulade de queso de cabra y espinaca horneada dos veces

Una *roulade* es simplemente un *soufflé* enrollado. Dado que contiene aire, al recalentarla se levanta mágicamente, mientras el exterior queda crujiente.

4 personas

INGREDIENTES

1 ¼ tazas de leche
½ taza de harina de trigo de uso general
9 cucharadas de mantequilla
100 g/3 ¾ oz de queso de cabra, cortado
½ taza de queso Parmesano rallado,
    y un poco más para espolvorear
4 huevos, separados
3 ½ tazas de champiñones *shiitake*
    frescos, en rodajas
275 g/10 oz de hojas de espinaca joven,
    lavadas
3 cucharadas de nata ácida o queso fresco
sal y pimienta negra recién molida

1 Precaliente el horno a 190 °C/375 °F. Cubra un molde llano de 30 x 20 cm/ 12 x 8 in con papel a prueba de grasa. Asegúrese de que el papel excede los bordes del molde, ya que la mezcla levantará. Engrase ligeramente.

2 Mezcle la leche, la harina y 4 cucharadas de la mantequilla en una cacerola grande. Lleve a un hervor a fuego lento, batiendo hasta que quede espesa y cremosa. Baje el fuego y deje cocer 2 min. Incorpore el queso de cabra y la mitad del Parmesano. Deje enfriar 5 min, e incorpore las yemas de huevo y abundante sal y pimienta.

3 Bata las claras de huevo en una escudilla sin grasa, hasta que estén a punto de nieve. Con una cuchara grande de metal, añada cuidadosamente estas claras a la mezcla del queso de cabra. Sirva la mezcla dentro del molde, rase suavemente, y hornee 15-17 min, hasta que la parte superior empiece a ponerse firme.

4 Deje enfriar unos pocos minutos, e invierta sobre una hoja de papel a prueba de grasa, espolvoreado con Parmesano. Con cuidado, arranque el papel para revestir en tiras.

5 Haga el relleno. Derrita la mantequilla restante en una sartén y deje aparte 2 cucharadas. Agregue los champiñones a la sartén y saltee 3 min. Incorpore las espinacas y escurra bien, luego la nata ácida o el queso fresco. Sazone y luego enfríe.

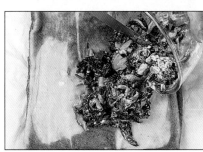

6 Precaliente el horno a su temperatura
original. Desenrolle la *roulade* y esparza
el relleno. Enrolle de nuevo y coloque,
con las juntas para abajo, sobre una fuente
para hornear. Barnice con la mantequilla
derretida reservada, y rocíe con el
Parmesano restante. Hornee 15 min
o hasta que la *roulade* se levante y esté
dorada. Sirva inmediatamente.

Cajas de hojaldre rellenas con verduras de primavera

¿Qué puede ser más tentador que verduras tiernas y jóvenes, bañadas en una ligera salsa *Pernod* y servidas en una caja de crujiente pasta?

4 personas

INGREDIENTES

225 g/8 oz de pasta de hojaldre,
   descongelada (si viene congelada)
1 cucharada de queso Parmesano, rallado
1 cucharada de perejil fresco, picado
1 huevo batido, para glasear
175 g/6 oz de habas, sin vaina
4 puerros *baby,* limpios
½ taza generosa de guisantes
   sin vaina, descongelados
50 g/2 oz de guisantes *mangetouts,* podados
sal y pimienta negra recién molida
ramitas de eneldo fresco, para adornar

PARA LA SALSA

200 g/7 oz de tomates en lata picados
2 cucharadas de mantequilla
¼ taza de harina de trigo
   de uso general
una pizca de azúcar
3 cucharadas de eneldo fresco picado
1 ¼ taza de agua
1 cucharada de *Pernod*

1 Precaliente el horno a 220 °C/425 °F. Engrase ligeramente una lámina de hornear. Extienda la pasta en una capa muy delgada. Rocíe con el queso y el perejil, doble y enrolle una vez más, y corte 4 rectángulos de 7,5 x 10 cm/3 x 4 in.

2 Ponga los rectángulos sobre la lámina de hornear. Con un cuchillo afilado, corte un rectángulo interno, a 1 cm aproximadamente de los bordes de la pasta. Trace líneas transversales y longitudinales sobre este rectángulo interno, barnice con el huevo batido y hornee 12-15 min hasta que se dore.

3 Mientras tanto, para hacer la salsa, presione los tomates a través de un tamiz y luego póngalos en una sartén, añada los ingredientes restantes y lleve a un hervor, removiendo constantemente. Baje el fuego y deje cocer el tiempo que sea necesario. Salpimente al gusto.

4 Cocine las habas en una olla con agua hirviendo, ligeramente salada, durante unos 8 min. Añada las zanahorias, los puerros y los guisantes, lleve de nuevo a un hervor y cocine 5 min más. Incorpore los *mangetouts.* Cocine 1 min. Escurra las verduras muy bien.

5 Utilizando un cuchillo, retire los cuadrados con muescas de las cajas de hojaldre. Póngalos aparte para usarlos como tapas. Sirva las verduras en las cajas, vierta la salsa, coloque las tapas y sirva inmediatamente, adornadas con el eneldo.

Ñoquis de semolina y *pesto*

Estos ñoquis son bolas cocidas de pasta de sémola, barnizadas con mantequilla derretida, cubiertas con queso y horneadas. Están apetitosas con salsa de tomate.

4-6 personas

INGREDIENTES
3 ⅔ tazas de leche
1 taza generosa de pasta
· de sémola
4 cucharadas de mantequilla
3 cucharadas de salsa *pesto*
4 cucharadas de tomates secados al sol,
    picados finos y secados
    con un pañito si están aceitosos
1 taza de queso *Pecorino* rallado
2 huevos, batidos
nuez moscada rallada
sal y pimienta negra recién molida
albahaca fresca, para adornar
salsa de tomate instantánea,
    para servir

1 Caliente la leche en una cacerola grande, antiadherente. Cuando esté a punto de hervir, eche la pasta de sémola, removiendo constantemente hasta que la mezcla esté tersa y muy espesa. Baje el fuego y deje cocer 2 min.

> VARIACIÓN: El *Pecorino* puede ser sustituido por cualquier queso duro y curado que sea para rallar. En lugar del *pesto*, utilice un paquete pequeño de espinacas congeladas, picadas, descongeladas y sin exceso de agua: o 6 cucharadas de hierbas mixtas frescas.

2 Retire del fuego y agregue la mitad de la mantequilla, el *pesto,* los tomates secados al sol y la mitad del *Pecorino*. Incorpore los huevos, y añada la nuez moscada, la sal y la pimienta al gusto. Sirva en una fuente para hornear limpia, o en un molde de 1 cm/½ in de profundidad. Rase la superficie. Deje enfriar y refrigere 30 min.

3 Precaliente el horno a 190 °C/375 °F. Engrase una fuente de hornear llana. Con un cortador de masa de 4 cm/1 ½ in de diámetro, moldee la mayor cantidad de círculos de pasta de sémola posible.

4 Ponga la pasta de sémola restante sobre el fondo de un plato engrasado, y disponga los círculos de modo que sus bordes se tapen ligeramente. Derrita la mantequilla restante y barnice con ella los ñoquis. Rocíe con el *Pecorino* restante. Hornee 30-40 min hasta que se dore. Adorne con la albahaca y sirva con la salsa de tomate.

Verduras *baby* rellenas

Un plato de texturas y sabores celestiales: la harina de las patatas y la suave riqueza de las berenjenas, unidas por una picante pasta de *masala,* todo ello horneado en salsa de tomate y espolvoreado con cilantro fresco.

4 personas

INGREDIENTES
12 patatas pequeñas
8 berenjenas *baby*
nata líquida, para el adorno (opcional)

PARA EL RELLENO
1 cucharada de semillas de sésamo
2 cucharadas de comino, molido
2 cucharadas de cilantro, molido
½ cucharadita de sal
¼ de taza de chile, en polvo
½ cucharadita de cúrcuma, en polvo
2 cucharaditas de azúcar
¼ cucharadita de *garam masala*
1 cucharada de harina de *gram*
1 cucharada de cacahuetes,
    en trozos grandes
2 dientes de ajo, majados
1 cucharada de jugo de limón
2 cucharadas de cilantro fresco, picado

PARA LA SALSA
2 cucharadas de aceite
½ cucharadita de semillas de mostaza negra
400 g/14 oz de tomates en lata, picados
2 cucharadas de cilantro fresco, picado
⅔ de taza de agua

1 Precaliente el horno a 200 °C/400 °F.
Haga ranuras en las patatas y las berenjenas, y asegúrese de que no corta a través de ellas.

2 Para hacer el relleno, mezcle todos los ingredientes en una fuente. Rellene cuidadosamente las patatas y las berenjenas con la mezcla de especias, y póngalas sobre un plato refractario ligeramente engrasado.

3 Para hacer la salsa, caliente el aceite en una cacerola y fría las semillas de mostaza durante 2 min, hasta que empiecen a estallar. Agregue los tomates, el cilantro fresco y cualquier sobra del relleno, junto con el agua. Cocine a fuego lento durante 5 min hasta que la salsa espese.

4 Vierta la salsa sobre las patatas y las berenjenas. Cubra y hornee durante 25-30 min hasta que las patatas y berenjenas estén blandas. Adorne con la nata líquida, si lo desea, y sirva.

Ravioli de cilantro con relleno de calabaza

Una espectacular pasta fresca de hierbas con un relleno de cremosa calabaza y ajo; perfecto para un convite de otoño.

4-6 personas

INGREDIENTES
casi 2 tazas de harina blanca
2 huevos
una pizca de sal
3 cucharadas de cilantro fresco, picado
ramitas de cilantro fresco, para el adorno

PARA EL RELLENO
4 dientes de ajo, sin pelar
450 g/1 lb de calabaza, pelada y sin semillas
½ taza de requesón
4 mitades de tomates secados al sol en aceite de oliva, escurridos y finamente picados
2 cucharadas del aceite de los tomates, reservado
sal y pimienta negra recién molida

1 Coloque la harina, los huevos, la sal y el cilantro en un minipimer. Licue hasta que se haga una masa suave.

2 Pase la masa a una superficie espolvoreada ligeramente con harina y amase bien durante 5 min, hasta que esté tersa. Envuelva en film transparente y deje reposar en la nevera durante 20 min.

3 Para hacer el relleno, precaliente el horno a 200 °C/400 °F. Ponga los dientes de ajo sobre una lámina de hornear y hornee 10 min hasta que se ablanden.

4 Cueza los pedazos de calabaza al vapor durante 5-8 min hasta que estén tiernos, y escurra bien. Pele los dientes de ajo y aplástelos junto con la calabaza, el requesón y los tomates. Condimente con la pimienta negra.

5 Divida la masa en cuatro pedazos y aplane ligeramente. Alise cada uno de estos pedazos con ayuda de una máquina de pasta, en su nivel más delgado. Deje las hojas de pasta sobre un paño limpio hasta que estén ligeramente secas.

6 Con un cortador redondo de 7,5 cm/ 3 in y bordes rizados, haga 36 círculos. Cubra 18 de éstos con una cucharadita de la mezcla de calabaza, barnice los bordes con agua y tape con otro círculo de pasta. Presione firmemente los bordes para sellar.

7 Ponga en una olla grande agua a hervir y cocine durante 3-4 min. Escurra bien y mezcle con el aceite reservado de tomate. Sirva con las ramitas de cilantro como adorno.

Brioche de setas salvajes con mantequilla de naranja

Este brioche rico en mantequilla, relleno con sabrosos champiñones, se sirve con una exuberante salsa, acompañado con ensalada verde.

4 personas

INGREDIENTES
1 cucharadita de levadura seca activa
3 cucharadas de leche, a temperatura
   ambiente
3 ½ tazas de harina blanca
1 cucharadita de sal
1 cucharada de azúcar extrafino
3 huevos
la cáscara rallada fina de ½ limón
casi 1 taza de mantequilla sin sal,
   a temperatura ambiente

PARA EL RELLENO
2 chalotes, picados
4 cucharadas de mantequilla sin sal
4 ½ tazas de champiñones salvajes y
   cultivados, como *bay boletus,* setas
   de San Juan, de invierno, níscalos,
   girbolas, entre otros; podados,
   en rodajas y picados en grandes trozos
½ diente de ajo, majado
5 cucharadas de perejil fresco, picado
sal y pimienta negra recién molida

PARA LA SALSA DE MANTEQUILLA
DE NARANJA
2 cucharadas de concentrado de naranja
   congelado
¾ de taza de mantequilla sin sal,
   en dados
sal y pimienta de cayena

1 Disuelva la levadura en la leche, añada 1 taza de la harina y mezcle hasta formar una masa. Llene una escudilla con agua tibia, y ponga la masa en ella. Deje 30 min para activar la levadura.

2 Coloque la harina restante en un minipimer con una hojilla para masa, y añada la sal, el azúcar, los huevos, la cáscara de limón y la masa levantada. Procese brevemente hasta que se mezclen. Agregue la mantequilla en pequeños pedazos y licue hasta que la masa esté sedosa y muy suelta. Ponga la masa sobre una hoja de film transparente, envuelva y refrigere 2 h hasta que esté firme.

3 Para el relleno, fría los chalotes en la mantequilla sin dorar. Agregue los champiñones y el ajo, deje que se hagan en su jugo y aumente el fuego para reducirlos. Una vez secos, ponga en una escudilla, rocíe con el perejil y sazone. Refrigere.

4 Engrase un molde rectangular de 900 g/2 lb y cubra con papel de hornear antiadherente. Extienda la masa sobre una superficie con harina hasta formar un rectángulo de 15 x 30 cm/ 6 x 12 in. Con una cuchara, coloque el relleno de champiñones sobre la masa y enrolle.

5 Ponga la masa en el molde, cubra con un paño húmedo y deje levantar en un sitio tibio y húmedo durante 50 min.

6 Caliente el horno a 190 °C/375 °F. Cuando la masa se haya levantado sobre los bordes del molde, hornee 40 min.

7 Para la salsa, ponga el concentrado de zumo de naranja en un recipiente de vidrio. Ponga el recipiente sobre una olla de agua al fuego, para calentar el zumo. Retírelo del fuego y bata la mantequilla con el zumo hasta que adquiera una contextura cremosa. Sazone, cubra y mantenga tibio. Saque el brioche cocinado, corte en rodajas y sirva con la salsa y la ensalada verde.

Guisantes con cebollas y nata

Idealmente, se deben utilizar guisantes frescos para este plato con un toque de lujo.

4 personas

INGREDIENTES
175 g/6 oz de cebollas *baby*
15 g/½ oz de mantequilla
900 g/2 lb de guisantes frescos (unos 350 g/
    12 oz de guisantes con vaina o congelados)
⅔ de taza de nata para montar
2 cucharadas de harina de trigo de uso general
2 cucharaditas de perejil fresco, picado
1-2 cucharadas de jugo de limón (opcional)
sal y pimienta negra recién molida

1 Pele las cebollas y córtelas por la mitad si lo considera necesario. Derrita la mantequilla en una cacerola refractaria, y fría las cebollas durante 5-6 min a fuego moderado, hasta que empiecen a teñirse de marrón.

2 Agregue los guisantes y saltee durante unos pocos minutos. Vierta ½ taza de agua y lleve a un hervor. Cubra parcialmente la cacerola y deje cocer a fuego lento durante 10 min hasta que los guisantes y las cebollas estén tiernos. Debe quedar una delgada capa de agua en el fondo de la cacerola.

3 Con una batidora pequeña, mezcle la nata con la harina. Retire la cacerola del calor y añada la nata con la harina. Rocíe el perejil y sazone al gusto.

4 Cocine a fuego lento 3-4 min hasta que la salsa haya espesado. Pruebe y ajuste la sazón, si es necesario. Agregue un poco de zumo de limón para afilar el gusto, si lo desea. Sirva caliente.

Chalotes, patatas y pimientos asados

Cuando se cocinan juntas, estas verduras se prestan sus sabores mutuamente.

4 personas

INGREDIENTES
500 g/1 ¼ lb de patatas céreas
12 chalotes
2 pimientos amarillos
aceite de oliva
2 ramitas de romero
    fresco
sal y pimienta negra
    recién molida

1 Precaliente el horno a 200 °C/400 °F. Lave las patatas y blanquéelas durante 5 min en agua hirviendo. Escurra y, una vez puedan manipularse, pélelas y córtelas por la mitad, a lo largo.

2 Remoje los chalotes en agua hirviendo durante 2 min. Escurra y pele. Corte cada pimiento amarillo a lo largo, en 8 tiras, descartando las semillas y la médula.

3 Engrase con aceite, una fuente llana refractaria. Disponga las patatas y los pimientos en filas alternativas sobre la fuente y luego los chalotes.

4 Corte las ramas de romero en tiras de 5 cm/2 in y coloque entre las verduras. Salpique con aceite de oliva y los condimentos. Hornee, sin cubrir, durante 30-40 min hasta que todas las verduras estén tiernas. Sirva caliente.

Paquetes de verduras al limón

Hornear los tubérculos dentro de papel sellado resulta muy saludable y dietético, pero al mismo tiempo, apetitoso. Deje que los comensales abran ellos mismos sus paquetes y disfrute del aroma que desprenden.

4 personas

INGREDIENTES
2 zanahorias medianas
1 nabo sueco
1 chirivía grande
1 puerro, en rodajas
la corteza finamente rallada
   de ½ limón
1 cucharada de zumo de limón
1 cucharada de mostaza en grano
1 cucharadita de aceite de girasol
   o de nueces
sal y pimienta negra recién molida

2 Agregue la cáscara de limón, el jugo de limón y la mostaza a las verduras y mezcle bien. Salpimente al gusto.

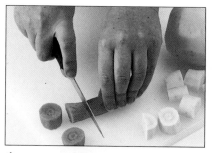

1 Precaliente el horno a 190 °C/375 °F. Pele las zanahorias, el nabo sueco y la chirivía en dados de 1 cm/½ in. Ponga en una fuente grande y añada el puerro en rodajas.

3 Corte 4 cuadrados de 30 cm/12 in de papel de hornear antiadherente y barnice ligeramente con el aceite.

VARIACIÓN: Otras verduras de temporada pueden cocinarse de esta manera. Pruebe con calabacines, pimientos dulces y espárragos.

4 Divida las verduras entre los cuadrados de papel. Enrolle cada uno desde un lado, y retuerza los extremos para sellarlos.

5 Coloque los paquetes sellados sobre una lámina de hornear y hornee durante 50-55 min o hasta que las verduras empiecen a ponerse tiernas cuando son pinchadas con un cuchillo. Sirva caliente.

Lazos de calabacín y zanahoria

Esta colorida combinación de verduras se sirve con una salsa de queso de hierbas.

4 personas

INGREDIENTES

1 pimiento verde grande,
   sin semillas y en dados
1 cucharada de aceite de girasol
225 g/8 oz de queso Brie
2 cucharadas de nata ácida
1 cucharadita de zumo de limón
4 cucharadas de leche
2 cucharaditas de pimienta
   negra recién molida
2 cucharadas de perejil fresco, picado
   fino, y un poco más para el adorno
sal
6 calabacines grandes
6 zanahorias grandes

1 Saltee el pimiento verde en el aceite hasta que esté tierno. Ponga el resto de los ingredientes, excepto los calabacines y las zanahorias, en un minipimer y mezcle bien. Ponga la mezcla en una cacerola y añada el pimiento verde.

2 Pele los calabacines y las zanahorias y córtelos en tiras largas y delgadas. Cueza a fuego lento durante 3 min en cacerolas. No deben cocinarse mucho.

3 Caliente la mezcla de pimiento verde y queso y vierta en una fuente llana para verduras. Agregue las zanahorias y los calabacines juntos y mezcle con la salsa. Adorne con el perejil picado y sirva.

Tomates rellenos con arroz salvaje

Un plato que, con ensalada y pan crujiente, se convierte en una fina comida ligera

4 personas

INGREDIENTES
8 tomates medianos
⅓ taza de granos de maíz dulce
2 cucharadas de vino blanco
¼ de taza de arroz salvaje, cocido
1 diente de ajo
½ taza de queso rallado Cheddar
1 cucharada de cilantro fresco, picado
sal y pimienta negra recién molida
1 cucharada de aceite de oliva

1 Corte la parte superior de los tomates y quite las semillas con una cucharita de café. Saque toda la pulpa y corte finamente, incluyendo la parte superior.

2 Precaliente el horno a 180 °C/350 °F. Ponga los tomates picados en una sartén y añada el maíz dulce y el vino. Tape herméticamente y deje cocer a fuego lento hasta que estén tiernos. Escurra.

3 Mezcle todos los ingredientes restantes, excepto el aceite, y salpimente al gusto. Vierta cuidadosamente la mezcla dentro de los tomates, aplicando más en el centro para evitar que se desborden.

4 Salpique por encima con el aceite, disponga los tomates en una fuente refractaria y hornee durante 15-20 min hasta que estén bien cocidos. Sirva inmediatamente.

Verduras del Mediterráneo asadas con *Pecorino*

Berenjenas, calabacines, pimientos y tomates conforman un maravilloso combinado si se asan y se sirven salpicados con la fragancia del aceite de oliva. Las virutas del queso *Pecorino* son el perfecto toque final.

4-6 personas

INGREDIENTES
1 berenjena, en rodajas
2 calabacines, en rodajas
2 pimientos (rojos o amarillos,
    o uno de cada)
1 cebolla grande, en rodajas gruesas
2 zanahorias grandes, cortadas
    en bastones
2 tomates firmes, por la mitad
aceite de oliva extra virgen
3 cucharadas de perejil fresco, picado
3 cucharadas de piñones, ligeramente
    tostados
un trozo de queso *Pecorino* de 115 g/4 oz
sal y pimienta negra recién molida
pan crujiente, para servir (opcional)

1 Extienda en capas las rodajas de berenjena dentro de un colador de verduras, salpicando cada capa con un poco de sal. Deje escurrir sobre el fregadero o un plato durante unos 20 min. Luego, enjuague, escurra bien y seque con papel de cocina. Precaliente el horno a 220 °C/425 °F.

VARIACIÓN: Para las virutas pruebe con el queso manchego o el *Malvern* británico.

2 Extienda todas las verduras en uno o dos moldes para asar. Barnice ligeramente con aceite de oliva y ase en el horno durante unos 20 min, o hasta que se doren ligeramente y las pieles de los pimientos empiecen a ampollarse.

3 Pase las verduras a una fuente grande de servir. Si lo desea, pele los pimientos. Escurra los jugos de las verduras que queden en la sartén, y salpique con un poco más de aceite. . Salpimente.

4 Cuando las verduras estén a temperatura ambiente, mezcle el perejil picado y los piñones tostados.

5 Con un pelador de verduras, raspe el *Pecorino* y esparza las virutas sobre las verduras. Sirva con pan crujiente, si lo desea, como entrante o como acompañamiento para un buffet o una barbacoa.

Ensalada rábano, mango y manzana

Esta ensalada está llena de sabores deliciosos y suculentos.

4 personas

INGREDIENTES
10-15 rábanos
1 manzana de mesa, pelada,
    sin corazón y en rodajas finas
2 tallos de apio, en rodajas finas
1 mango pequeño, maduro
ramitas de eneldo fresco,
    para el adorno

PARA EL ADEREZO
½ taza de crema agria
2 cucharaditas de crema de rábano
    picante
1 cucharada de eneldo fresco picado
sal y pimienta negra
    recién molida

1 Para el aderezo, mezcle la crema agria, el rábano picante y el eneldo en una jarra pequeña o escudilla, y salpimente.

2 Quite la parte superior de los rábanos con sus hojas, y córtelos en rodajas finas. Ponga en una escudilla, junto con la manzana y el apio.

3 Corte el mango longitudinalmente a ambos lados de la semilla. Haga cortes transversales y longitudinales, de manera uniforme, a través de cada sección, doble hacia atrás para separarlos, y añada a cada sección.

4 Vierta el aderezo sobre las verduras y la fruta. Mezcle para que todos los ingredientes queden cubiertos. Al servir, adorne con las ramas de eneldo.

Ensalada de espárragos y naranja

Un aceite de oliva de buena calidad es esencial para esta veraniega ensalada.

4 personas

INGREDIENTES
225 g/8 oz de espárragos, podados
y cortados en pedazos de 5 cm/2 in
2 naranjas grandes
2 tomates con mucho sabor, cortados
en octavos
50 g/2 oz de hojas de lechuga romana, en tiras
2 cucharadas de aceite de oliva extra virgen
½ cucharadita de vinagre de jerez
sal y pimienta negra recién molida

1 Cocine los espárragos en agua salada hirviendo durante 3-4 min, hasta que empiecen a ponerse tiernos. Escurra y refresque en agua fría.

2 Ralle la cáscara de la mitad de una naranja y reserve. Pele las dos naranjas y corte en segmentos entre la membrana. Exprima el jugo de la membrana restante y reserve.

3 Ponga los espárragos, los gajos de naranja, los tomates y la lechuga en una ensaladera. Mezcle el aceite y el vinagre, añada 1 cucharada del zumo de naranja reservado y 1 cucharadita de la cáscara rallada. Salpimente.

4 Justo antes de servir, vierta el aderezo sobre la ensalada y mezcle suavemente para que cubra todos los ingredientes.

ENSALADAS DE ALTA COCINA

Ensalada de nueces y berros

El Roquefort azul y las peras dulces son los perfectos socios de esta ensalada.

6 personas

INGREDIENTES
½ taza de nueces sin cáscara, por la mitad
2 peras rojas Williams, sin corazón
  y en rodajas
1 cucharada de jugo de limón
1 manojo grande de berros,
  sin los tallos duros
casi 2 tazas de queso Roquefort, en trocitos

PARA EL ADEREZO
3 cucharadas de aceite de oliva extra virgen
2 cucharadas de jugo de limón
½ cucharadita de miel clara
1 cucharadita de mostaza Dijon
sal y pimienta negra recién molida

1 Tueste las nueces en una sartén. Voltee con frecuencia hasta que estén doradas.

2 Haga el aderezo: ponga el aceite de oliva, el jugo de limón, la miel, la mostaza y los condimentos en una escudilla o un envase con tapa. Agite para mezclar bien.

3 Ponga las rodajas de pera en el jugo de limón y añada los berros, las nueces y el Roquefort. Añada el aderezo a la ensalada y sirva.

Derecha: Ensalada de nueces y berros (arriba); Ensalada de pan y tomate

Ensalada de pan y tomate

El pan al estilo italiano es esencial para esta clásica ensalada toscana.

6 personas

INGREDIENTES
10 rebanadas gruesas
  de pan italiano de 1 día
1 pepino, pelado y cortado en pedazos
5 tomates, sin semillas y en dados
1 cebolla roja grande, picada
1 taza generosa de aceitunas
  de buena calidad
20 hojas de albahaca fresca, rotas

PARA EL ADEREZO
4 cucharadas de aceite de oliva extra virgen
1 cucharada de vinagre de vino blanco o rojo
sal y pimienta negra recién molida

1 Remoje el pan en el agua unos 2 min, saque y exprima suavemente, primero con sus manos y luego con un paño. Refrigere durante una hora.

2 Mientras tanto, para hacer el aderezo, ponga el aceite, el vinagre y los condimentos en una escudilla o envase con tapa de rosca. Agite o remueva vigorosamente para que se unan.

3 Ponga el pepino, los tomates, las cebollas y las aceitunas en una escudilla. Corte el pan en pedazos y añada a la ensaladera junto con la albahaca. Mezcle el aderezo con la ensalada antes de servir.

Gado-gado de frutas y verduras crudos

Si desea servir este plato de inspiración indonesia para una ocasión especial, cubra la fuente con hojas de plátano, disponibles en tiendas orientales.

6 personas

INGREDIENTES
½ pepino, pelado
2 peras (no demasiado maduras)
1-2 manzanas de mesa
el jugo de ½ limón
hojas mixtas de ensalada
6 tomates pequeños, cortados
   en cuñas
3 rodajas de piña fresca, sin corazón
   y cortadas en cuñas
3 huevos duros, sin cáscara y cortados
   en cuartos o en rodajas
175 g/6 oz de tallarines al huevo, cocidos,
   enfriados y cortados
cebollas muy fritas,
   para el adorno

PARA LA SALSA DE CACAHUETE
2-4 chiles frescos, sin semillas
   y muy finamente picados
1 ¼ tazas de leche de coco
1 ½ tazas de mantequilla
   de cacahuete crujiente
1 cucharada de salsa de soja oscura
   o azúcar moreno oscuro
1 cucharadita de pulpa de tamarindo,
   remojada en 3 cucharadas de agua tibia
   o 1 cucharada de jugo de limón
cacahuetes en trozos
sal

1 Para la salsa de cacahuetes, ponga los chiles en una sartén, vierta la leche de coco, y agregue la mantequilla crujiente de maní. Caliente suavemente, removiendo, hasta que esté bien mezclada.

2 Cocine a fuego lento hasta que la salsa espese, agregue la salsa de soja o el azúcar. Incorpore el zumo de tamarindo, añada sal al gusto y remueva bien. Ponga en una escudilla y rocíe con unos cuantos cacahuetes en trozos.

3 Quite las pepitas al pepino y pele las peras. Corte ambos en juliana. Corte en tiras muy finas las manzanas y salpique con el zumo de limón. Extienda un lecho de hojas de ensalada sobre una fuente y ponga las verduras y las frutas sobre ellas.

4 Añada los huevos duros, los tallarines y las cebollas fritas. Sirva de una vez junto con la ensalada.

Ensalada de menta y trigo partido

El trigo partido ha sido parcialmente cocido, de modo que requiere
un ligero remojo antes de servir.

4 personas

INGREDIENTES

1 ½ tazas de trigo partido
4 tomates, pelados, sin semillas
   y cortados en trozos grandes
4 calabacines pequeños, cortados
   finos a lo largo
4 cebolletas, en rodajas diagonales
8 orejones listos para comer, cortados
¼ de taza de uvas pasas
jugo de 1 limón
2 cucharadas de jugo de tomate
3 cucharadas de menta fresca
1 diente de ajo, majado
sal y pimienta negra recién molida
ramas de menta fresca, para el adorno

1 Ponga el trigo en una escudilla
grande. Añada agua fría hasta 2,5 cm/1 in
por encima del nivel del trigo. Deje en
remojo durante 30 min, escurra bien
y exprima el exceso de agua con un
paño limpio de cocina.

2 Agregue al trigo los tomates picados,
los calabacines, las cebolletas, los orejones
y las pasas.

3 Ponga el jugo de limón y de tomate,
la menta, el ajo y los condimentos en una
pequeña fuente y bata con un tenedor.
Vierta sobre la ensalada y mezcle bien.
Refrigere una hora como mínimo. Sirva
con una ramita de menta.

Ensalada de lentejas, tomate y queso

La combinación de las lentejas con el queso resulta de lo más natural. Las pequeñas lentejas Puy de Francia, de color azul verdoso, son perfectas para ensaladas.

6 personas

INGREDIENTES

casi 1 taza de lentejas (del tipo Puy, preferiblemente), remojadas durante 3 h en agua fría
1 cebolla roja, picada
1 hoja de laurel
4 cucharadas de aceite de oliva extra virgen
3 cucharadas de perejil fresco, picado
2 cucharadas de mejorana u orégano fresco, picado
250 g/9 oz de tomates cherry, por la mitad
250 g/9 oz de queso feta, queso de cabra o Caerphilly, desmigajado
hojas de achicoria o de lechuga Batavia
sal y pimienta negra fresca recién molida
hierbas frescas, para adornar
2-3 cucharadas de piñones ligeramente tostados, para servir

1 Escurra las lentejas y póngalas en una cacerola grande. Vierta bastante agua y añada la cebolla y la hoja de laurel. Lleve a un hervor, deje hervir durante 10 min a fuego alto, reduzca el fuego y deje cocer durante 20 min o de acuerdo a las instrucciones del paquete.

2 Escurra las lentejas, descartando la hoja de laurel, y viértalas en una fuente. Salpimente al gusto. Mezcle con el aceite de oliva. Deje enfriar aparte y agregue el perejil, el orégano o la mejorana y los tomates cherry.

3 Agregue el queso. Cubra una fuente de servir con las hojas de achicoria o lechuga Batavia y ponga la ensalada en el centro. Rocíe los piñones, adorne con las hierbas frescas y sirva.

Notas

Para las recetas, las cantidades se expresan utilizando el Sistema Métrico Decimal y el Sistema Británico, aunque también pueden aparecer en tazas y cucharadas estándar. Siga uno de los sistemas, tratando de no mezclarlos, ya que no se pueden intercambiar.

Las medidas estándar de una taza y una cucharada son las siguientes:

1 cucharada = 15 ml

1 cucharadita = 5 ml

1 taza = 250 ml/8 fl oz

Utilice huevos medianos a menos que se especifique otro tamaño en la receta.

Abreviaturas empleadas:

kg = kilogramo

g = gramo

lb = libra

oz = onza

in = pulgada

l = litro

ml = mililitro

fl oz = onza (volumen)

h = hora

min = minuto

s = segundo

cm = centímetro

Copyright © Spanish translation, EDIMAT LIBROS, S. A, Spain, 2002
C/ Primavera, 35
Polígono Industrial El Malvar
28500 Arganda del Rey
MADRID-ESPAÑA

ISBN: edición tapa dura 84-9764-011-X   -   edición rústica 84-9764-051-9
Depósito legal: M-52644-2003
Impreso en: COFÁS

Traducido por: Traduccions Maremagnum MTM
Fotografía: Karl Adamson, Mickie Dowie,
James Duncan, John Freeman, Michelle Garrett, John Heseltine,
Amanda Heywood, Janine Hosegood, David Jordan,
William Lingwood, Patrick McLeavey,
Thomas Odulate.

IMPRESO EN ESPAÑA – *PRINTED IN SPAIN*